www.ingramcontent.com/pod-product-compliance
Lightning Source LLC
Chambersburg PA
CBHW052106280426
43661CB00117B/1478/J
9781951373160